OS GUARDIÕES DO SER

ECKHART TOLLE

OS GUARDIÕES DO SER

As lições espirituais ensinadas por nossos cães e gatos

Ilustrações
Patrick McDonnell

Tradução
Lauro Henriques Jr.

A verdadeira felicidade se encontra nas coisas simples e aparentemente mais banais.

Porém, para que você possa ter consciência dessas coisas simples e serenas, é preciso que tenha serenidade interior.

É preciso um elevado nível de atenção.

Aquiete-se. Observe. Escute.

Esteja presente.

Preste atenção aos mais variados
e sutis sons da natureza a seu redor –

o farfalhar das folhas ao vento,

o som das gotas de chuva a cair,

o zumbido de um inseto,

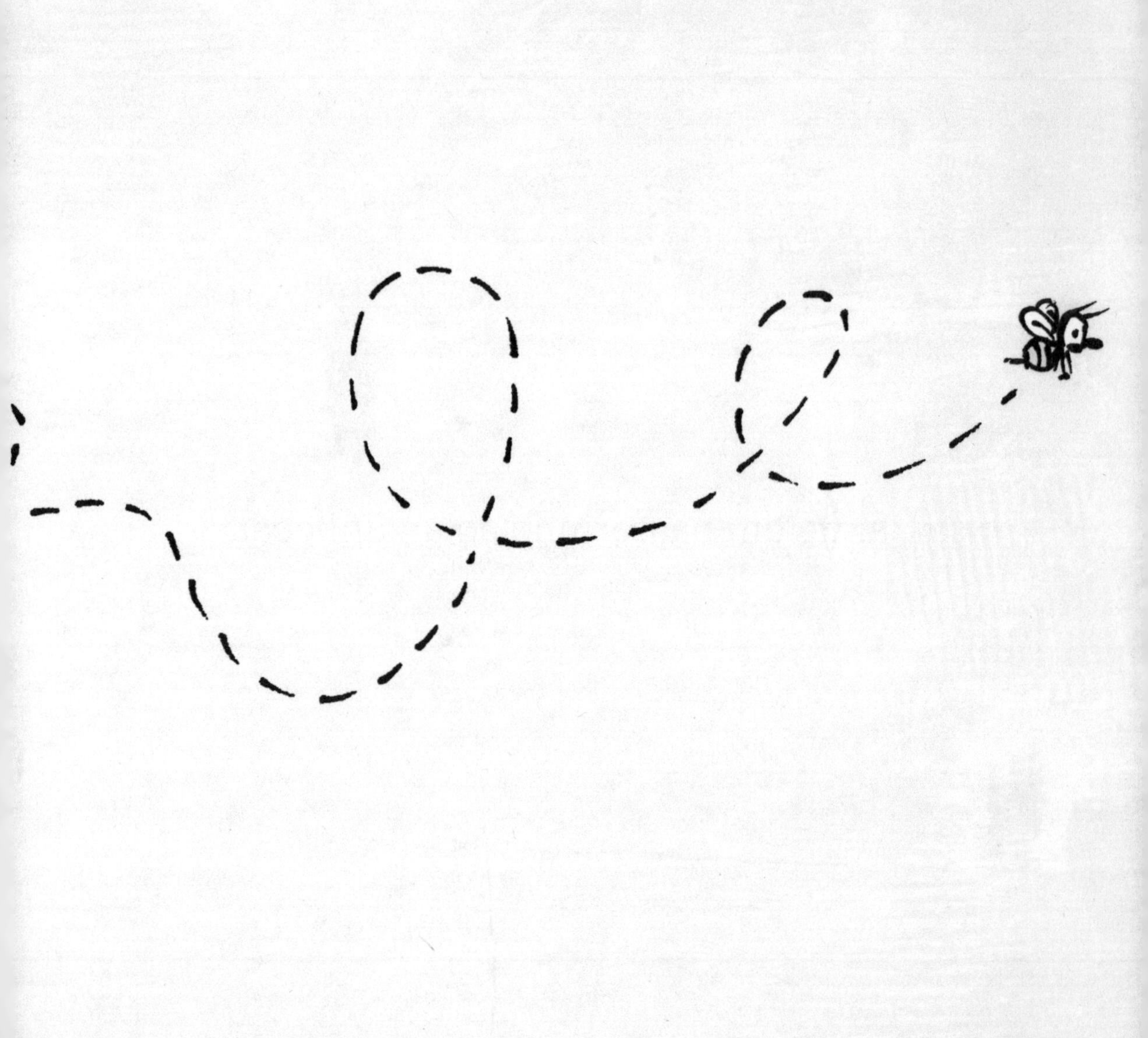

o cantar de um passarinho ao amanhecer.

Entregue-se completamente

ao ato de escutar.

Para além dos sons,

há algo muito maior:

algo sagrado que não pode

ser compreendido pelo pensamento.

Olhe com atenção para uma árvore, uma flor, uma planta.

Deixe que sua consciência repouse sobre elas.

Perceba como estão serenas, o quanto estão profundamente enraizadas no Ser.

Permita que a natureza lhe ensine a quietude.

Todos os seres da natureza – cada flor, árvore
ou animal – têm lições importantíssimas
a nos ensinar, desde que nos disponhamos a

parar, observar
e escutar.

REFLITA
DEIXE FLUIR
LEVE A VIDA NA FLAUTA
SINTA O AROMA DAS FLORES
PULE DE ALEGRIA
VÁ NO SEU RITMO
EU DEVIA ESTAR ANOTANDO ISSO TUDO...

Basta observar um animal com atenção, que você já consegue sair da esfera do pensamento e se conectar com o momento presente, que é onde o animal vive o tempo todo – absolutamente entregue à vida.

É algo realmente maravilhoso poder observar um animal, pois ele não tem nenhuma opinião sobre si mesmo.

Ele simplesmente é.

MAIS UM DIA PERFEITO.

É por isso que os cães são tão alegres

e os gatos ronronam o tempo todo.

ROM-ROM

Ao brincar com um cachorro ou ouvir
um gato ronronar, conseguimos cessar
o pensamento por alguns instantes e

um espaço de quietude

se abre dentro de nós, uma porta para o Ser.

Até hoje, não soubemos reconhecer
a função imprescindível que os animais
de estimação desempenham neste mundo.

Eles simplesmente
mantêm a sanidade
de milhões de pessoas.

CURE-SE!

Eles se tornaram verdadeiros

Guardiões do Ser.

A maioria de nós vive em um mundo
de abstrações mentais, julgamentos
e projeções – ou seja, um mundo
de pensamentos.
Estamos mergulhados em um fluxo contínuo
de ruído mental. É como se não
fôssemos capazes de

parar de pensar.

ESTIVE PENSANDO EM **TODOS** OS MEUS PROBLEMAS...

PENSANDO EM **TODA** A DOR DO PASSADO...

PENSANDO EM **TODA** A INCERTEZA DO FUTURO...

E PENSANDO, AI AI, **POBRE DE MIM...** COMO MINHA VIDA É TRISTE...

E ENTÃO PENSEI NO **POUCO** TEMPO QUE NOS RESTA...

AI, AI... REALMENTE **PENSO** QUE... **NADA** FAZ SENTIDO...
O **QUE** POSSO FAZER?

ORA, **PARE** DE PENSAR!

Assim como um cachorrinho
adora mastigar um belo osso,
a mente humana
adora ruminar seus problemas.

NHAC NHAC
NHAC NHAC
NHAC NHAC

É ISSO AÍ, **DIVERSÃO** PARA TODO MUNDO.

Nós nos perdemos numa série de afazeres,
pensamentos, lembranças, antecipações –
nos perdemos em meio a um labirinto de coisas
complexas, um mundo feito só de problemas.

A natureza pode nos mostrar
o caminho de volta para casa,

a saída da prisão de nossa própria mente.

EIS A "ESTRELA DO CÃO"...
...A ESTRELA MAIS BRILHANTE DO CÉU – SEMPRE LÁ PARA ME MOSTRAR O CAMINHO...
TAMBÉM CHAMADA DE "SIRIUS"
OU
"MEU FAÍSCA."

Feche os olhos e diga para si mesmo:

"Vamos ver qual será o meu próximo pensamento."

Então, procure ficar tão alerta quanto
um gato a vigiar o buraco de um rato.
Você vai perceber que, se estiver bem atento,
o próximo pensamento simplesmente não vem...

ESPERANDO PELO RATO

O RATO É QUE ESPERA

ROM-ROM...

ROM-ROM...

Já convivi

com muitos

mestres zen,

todos eles gatos.

ROM-ROM...

Milhões e milhões de pessoas, que de outra
forma estariam completamente perdidas em
seu mundo mental, em infinitas preocupações
com o passado e o futuro, são trazidas
de volta para o momento presente por seus
cães ou gatos e, dia após dia, são

lembradas da alegria de Ser.

VOCÊ ESTÁ LEVANDO ELE PARA ONDE?

Nós nos esquecemos de algo que as pedras, plantas e animais ainda sabem. Esquecemo-nos de como ser nós mesmos – de como estar em silêncio, em contato com nosso ser, onde a própria vida está:

Aqui e Agora.

HUMM...
O QUE TEM
NA LISTA DE
TAREFAS
PARA HOJE?

OPA, APENAS SER!

BZZZZ.

O cachorro está sempre no Agora

e, por isso, pode ensiná-lo a estar lá também.

O SEGREDO DA VIDA É VIVER SEMPRE NO MOMENTO PRESENTE.

É VIVER NO AGORA.
NO AGORA?

SIM, NO AGORA.
MAS O ÚLTIMO AGORA OU O PRÓXIMO AGORA?

O
AGORA DE AGORA!!!
AH...

TIPO... AGORA?

SIM, TIPO ISSO.
AH,
SAQUEI!

VEJAM SÓ!!! AGORA EU VIVO NO AGORA!

EU!
BEM...
AQUI!
E...
AGORA!

SEM FUTURO... SEM PASSADO... APENAS... O AGORA!

OK...
E AGORA?

Preste bastante atenção ao observar um cachorrinho brincando ou descansando.

Deixe que ele lhe ensine a se sentir à vontade no Agora,

a celebrar a vida estando completamente presente.

O cachorro ainda vive em harmonia com sua própria natureza. E isso é algo fácil de perceber, pois, enquanto você tem um monte problemas, ele não tem nenhum. Enquanto os momentos felizes de sua vida são raros, seu cachorro vive em constante celebração.

PUXA, FAÍSCA, E TÃO BOM PODER DEIXAR TUDO PARA TRÁS!

É, ACHO QUE SIM...

EMBORA EU NÃO TENHA MUITO DESSE "TUDO" PARA DEIXAR PARA TRÁS.

Por exemplo, repare no que
acontece com o rabo dos cães.
Muitas vezes, basta olharmos
para um cachorrinho –
um simples olhar já é suficiente –,
e logo seu rabo está dizendo...

"A vida é boa! A vida é boa!"

Eles não ficam buscando razões
para justificar por que a vida é boa.

É uma compreensão direta.

VUP VUP VUP
VUP VUP VUP
VUP VUP VUP VUP
VUP

COMO A VIDA É BOA!

As pessoas dizem "Eu me amo" ou "Eu me odeio".

O cachorro, por sua vez, diz apenas "au-au" –

o que, traduzindo, significa:

Eu sou o que sou.

É isso que eu chamo de integridade –

ser inteiro consigo mesmo.

SOU EU!

O cachorro não tem nenhuma autoimagem,
seja ela boa ou ruim.
Logo, não precisa ficar desempenhando
nenhum papel, nem cair nessa história
de amar ou odiar a si mesmo.
Ele não tem um ego!
Sim, ser capaz de viver livre
do fardo pesado do ego –

eis um grande
aprendizado espiritual.

COMER. PASSEAR. BRINCAR. DORMIR.

"A chave para a transformação é

fazer as pazes com o momento presente.

Não importa como ele seja. Apenas diga 'sim' para o momento presente. Permita que ele seja como é. Acolha o que vier."

Ah, isso foi o cãozinho que disse — apenas traduzi em palavras.

CARAMBA...
QUE HORAS SÃO?

AGORA!
AGORA!
AGORA!
AGORA!
AGORA!

OS CACHORROS SEMPRE SABEM A HORA CERTA.

ENTÃO...
VOCÊ ACHA QUE ESTÁ NA HORA DE PASSEAR?
AU-AU!

OK!

Deixe que seu cachorro te
leve para passear todos os dias.
É bom para o corpo e
ótimo para a alma.

VOCÊ SÓ TEM BOAS IDEIAS
NÃO É, FAÍSCA?
AU-AU!

Os cães emanam uma bondade
que contagia as pessoas.
Um dos prazeres de levar o cachorro
para passear é que, muitas vezes,
as pessoas se aproximam e, na hora,

o coração delas já se abre.

Claro, ninguém está interessado em nós.
O que as pessoas querem mesmo é fazer
uma festa no cachorrinho.

VAMOS LÁ, SEMEANDO AMOR.

Os cães oferecem uma

oportunidade preciosa

para que todas as pessoas, mesmo as que

estão enclausuradas no próprio ego, possam

amar e ser amadas

de forma incondicional.

OLHA O JANTAR!

BOM MENINO!

Já faz milhares de anos que os cães têm
acompanhado os homens e agora
há uma enorme ligação
entre cães e humanos,
uma conexão mais forte do que jamais existiu.

NUNCA ANDO SEM COLEIRA
COM MEU PARCEIRO...
ESTAMOS CONECTADOS PELO CORAÇÃO.

Nesse sentido, parte do

propósito divino dos cães é justamente nos ajudar.

Mas trata-se de uma via de mão dupla.
Pois, ao conviver conosco, os cães também
evoluem em termos de consciência;
é algo recíproco.

TAP
TAP
TAP

ZZZZ...

TAP
TAP
TAP

Como cães e gatos ainda vivem num estado puro de união com o Ser, eles podem nos ajudar a resgatar essa conexão original. Só que tem um detalhe: ao fazermos isso,

esse modo de ser original se aprofunda, transformando-se em consciência.

Nós não regredimos para

um nível abaixo do pensamento;

na verdade, elevamo-nos acima dele.

A natureza vai ensiná-lo a estar em quietude;

isso, claro, desde que você pare de tentar cobri-la com uma enxurrada de pensamentos e projeções. Quando você consegue perceber a natureza dessa forma, sem impor nomes e rótulos às coisas, é que se dá um encontro realmente profundo.

E A GRAMA CRESCE POR SI.

–PROVÉRBIO ZEN

Ao parar de cobrir o mundo com rótulos e projeções, resgatamos a consciência acerca da natureza milagrosa de tudo que existe – uma percepção que foi perdida há muito tempo, quando a humanidade, em vez de usar o pensamento, foi possuída por ele.

Nossa vida ganha uma dimensão nova e profunda.

Todas as coisas recuperam sua graça e frescor.

PIU PIU
PIU PIU
PIU PIU

CLAP CLAP
CLAP
CLAP CLAP CLAP

Por que tanta gente se encanta com os animais? Simplesmente porque a essência deles – o seu Ser – não está encoberta pela mente, como acontece com a maioria dos seres humanos.

E, sempre que sentimos a essência de outro ser, somos capazes de sentir a nossa própria essência.

Todo ser é uma centelha viva do Divino,

ou de Deus. Mire bem para os olhos de um cachorro e sinta a presença dessa profunda dimensão interior.

Quando você está realmente presente,

consegue perceber a manifestação da

consciência una,

do espírito em todas as criaturas,

e assim amá-las como ama a si mesmo.

O amor é uma forma profunda de

empatia com o Ser do outro.

Você reconhece a si mesmo e a sua própria essência no outro.

A partir daí, você já não é mais capaz

de infligir sofrimento a outro ser.

TAP
TAP
TAP
TAP
TAP
TAP
TAP
TAP
TAP
TAP
TAP
TAP
É, O MUNDO ESTÁ MUDANDO...

Você não está separado do todo.

Você é um só ser com o Sol, a Terra, o ar.

Na verdade, você não tem uma vida –

você é a própria vida.

EU AU-AMO...

AS ÁRVORES!

AS PEDRAS!

A GRAMA!

A LAMA, OS BICHOS, O CÉU, AS AVES, O AR...

OK....

VAMOS TODOS DAR UMA VOLTINHA!

A consciência una, a vida indivisível,

pode se manifestar na forma de homem,

de mulher, de grama, de cachorro,

de planeta, de sol, de galáxia...

Esse é o jogo das formas,

a dança da vida.

Em última instância, não estamos separados de nada – nem uns dos outros, nem de qualquer outra forma de vida, seja uma flor ou uma árvore, seja um cão ou um gato.

Ao sentir os outros seres, sentimos a nós mesmos, a essência de quem realmente somos. Pode-se chamar isso de Deus.

Aliás, há uma expressão muito bonita que exprime tudo isso...

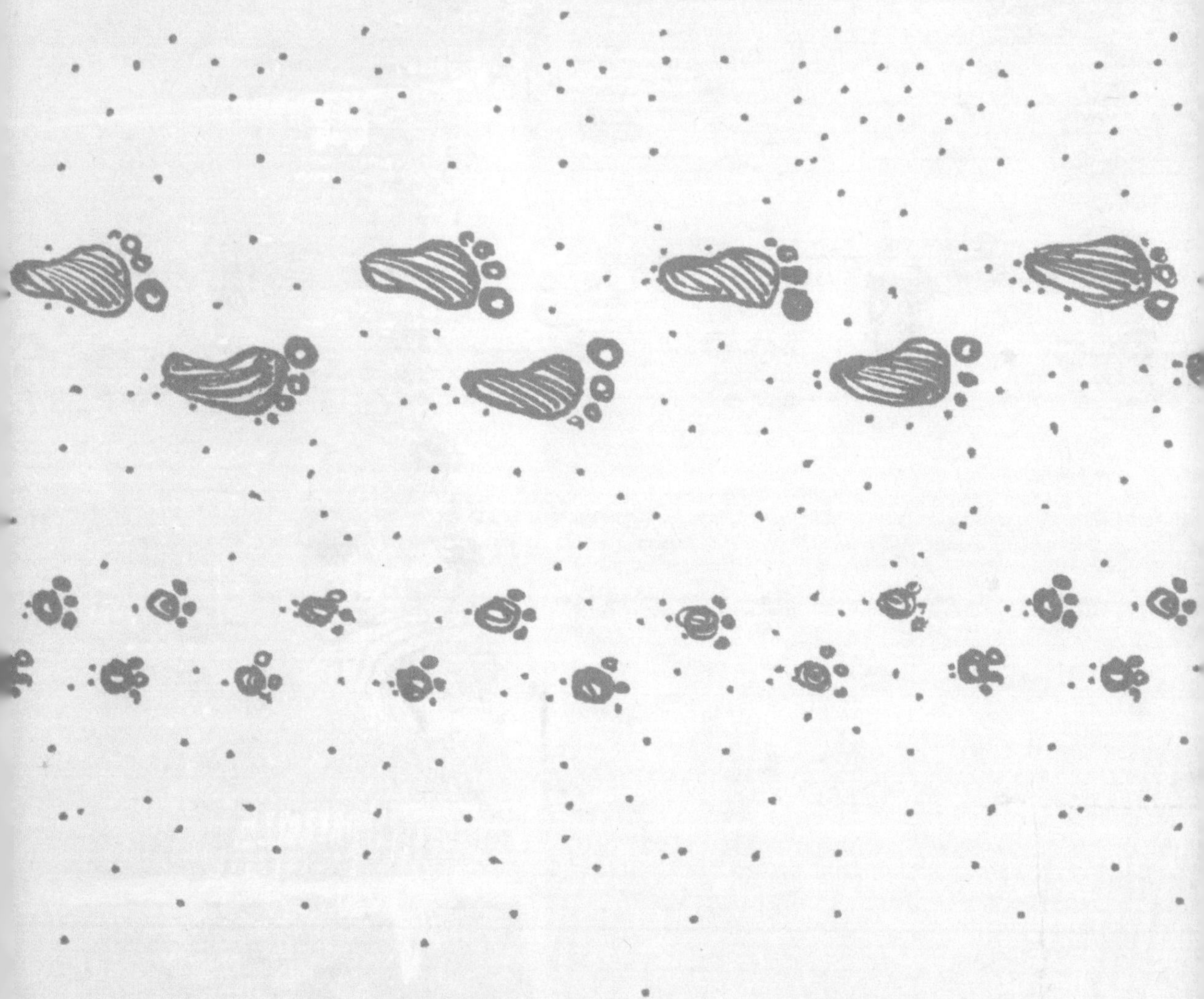

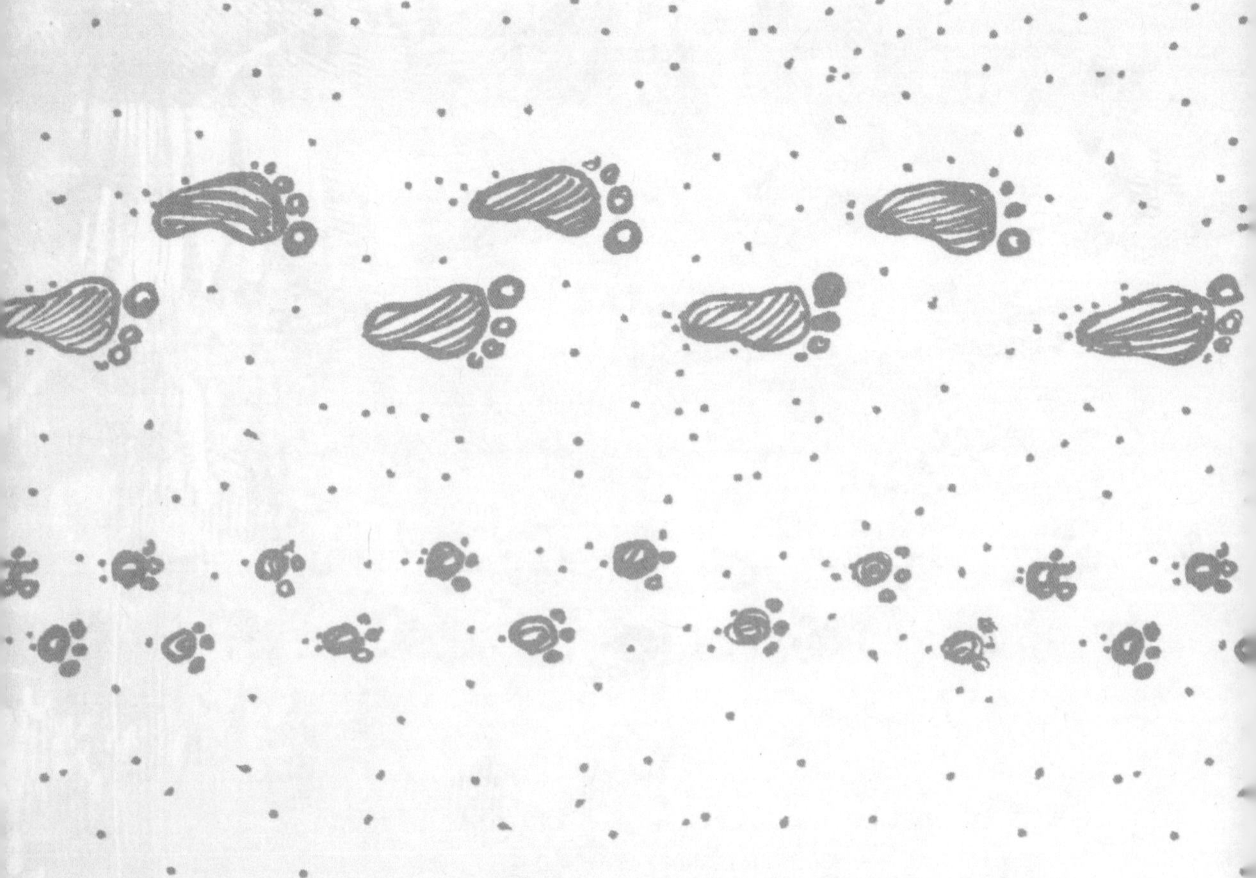

amar o Criador
na criatura.

ECKHART TOLLE

O professor espiritual e escritor Eckhart Tolle nasceu na Alemanha e estudou nas Universidades de Londres e Cambridge. Quando tinha 29 anos, uma profunda transformação interior mudou radicalmente o curso de sua vida. Ele dedicou os anos seguintes a compreender, integrar e aprofundar essa transformação, que marcou o início de uma intensa jornada pessoal. Mais tarde, começou a trabalhar em Londres com indivíduos e pequenos grupos como conselheiro e professor espiritual. Desde 1995, ele vive em Vancouver, no Canadá.

Os ensinamentos profundos, porém simples, de Eckhart já ajudaram inúmeras pessoas em todo o mundo a encontrar paz interior e maior realização em suas vidas. No centro dos ensinamentos está a transformação da consciência, um despertar espiritual que ele vê como o próximo passo na evolução humana. Um aspecto essencial deste despertar consiste em transcender nosso estado de consciência baseado no ego. Este é um pré-requisito não apenas para a felicidade pessoal, mas também para acabar com o violento conflito endêmico em nosso planeta.

Eckhart é o autor de diversos títulos, em especial *O poder do agora*, *best-seller* do *New York Times*. É também palestrante que viaja extensivamente pelo mundo para ministrar seus ensinamentos. Muitas de suas palestras, cursos e retiros estão disponíveis em áudio e vídeo. A maioria dos ensinamentos é dada em inglês, mas ocasionalmente Eckhart também dá palestras em alemão e espanhol.

Visite eckharttolle.com para acompanhar os próximos eventos, ensinamentos, vídeos gratuitos e muito mais.

PATRICK McDONNELL

A tirinha MUTTS, de Patrick McDonnell, é uma combinação de seu amor pelos animais e seu amor pela arte da história em quadrinhos. Criado em 1994, hoje em dia os MUTTS aparecem em mais de 700 jornais em todo o mundo e na web em muttscomics.com. O criador de Snoopy e Charlie Brown, Charles M. Schulz, já chamou os MUTTS de "uma das melhores histórias em quadrinhos de todos os tempos".

Patrick recebeu inúmeros prêmios por sua arte e sua proteção aos animais. Tem mais de 20 livros impressos, incluindo *best-sellers* do *New York Times*. É membro dos conselhos de administração nacionais da Humane Society dos Estados Unidos e do Fundo para Animais. Ele mora em New Jersey com a esposa, Karen; o ex-felino feroz MeeMow; o ainda feroz Not Ootie; e sua nova melhor amiga, Amelie.

Publicado originalmente nos Estados Unidos por New World Library.

O texto deste livro foi fixado conforme o acordo ortográfico vigente no Brasil desde 1º de janeiro de 2009.

INDICAÇÃO EDITORIAL: Lauro Henriques Jr.
EDIÇÃO: Bia Nunes de Souza
REVISÃO: Ana Clara Cornelio
CAPA E PROJETO GRÁFICO: Amanda Cestaro, adaptado do original de Jeff Schulz/Command-Z Design

1ª edição, 2019
Impresso no Brasil

Dados Internacionais de Catalogação na Publicação (CIP)
(Câmara Brasileira do Livro, SP, Brasil)

Tolle, Eckhart
Os guardiões do ser : as lições espirituais ensinadas por nossos cães e gatos / Eckhart Tolle ; ilustrações Patrick McDonnell ; tradução Lauro Henriques Jr.. -- São Paulo : Alaúde Editorial, 2019.

Título original: The guardians of being.
ISBN 978-85-7881-583-7

1. Animais de estimação 2. Atenção plena 3. Espiritualidade 4. Mindfulness I. McDonnell, Patrick. II. Título.

19-23752 CDD-158.12

Índices para catálogo sistemático:
1. Mindfulness : Meditação : Psicologia aplicada 158.12

Cibele Maria Dias - Bibliotecária - CRB-8/9427

Rua Viúva Cláudio, 291 – Bairro Industrial do Jacaré
CEP: 20.970-031 – Rio de Janeiro (RJ)
Tels.: (21) 3278-8069 / 3278-8419
www.altabooks.com.br – altabooks@altabooks.com.br
Ouvidoria: ouvidoria@altabooks.com.br

Compartilhe a sua opinião sobre este livro usando a hashtag **#OsGuardioesDoSer** nas nossas redes sociais: